Dário Oliveira

De
onde
eu
vim

DE ONDE EU VIM

FICHA CATALOGRÁFICA

DE ONDE EU VIM

DEDICATÓRIA

DE ONDE EU VIM

Índice

Palavras do autor

Eu poderia ter escrito uma autobiografia enfatizando somente dor, revolta e denúncia, mas decidi enfatizar que é possível nos reinventarmos e mudarmos a nossa realidade, por mais dura e imutável que ela possa parecer. Eu poderia ter usado todas as dificuldades pelas quais passei para lamentar-me, mas eu as usei como combustível para despertar em meu interior uma vontade tão intensa de mudar a árdua e medonha realidade ao meu redor para um mundo onde sonhos podem ser alcançados com trabalho duro e perseverança nas dificuldades. Meu coração gritou tão alto que Deus me ouviu. E me atendeu. Além do desejo de compartilhar um pouco da minha trajetória com o(a) leitor(a), eu desejo transmitir uma mensagem de positividade, foco no bem e fé no Criador, aquele que nunca nos desampara. No caminho nós encontramos muitas pessoas cruéis, insensíveis e incapazes de sentir a dor alheia, mas também encontramos muitos anjos. Meu

DE ONDE EU VIM

livro deseja inspirar o(a) leitor(a) a ter
esperança.

DE ONDE EU VIM

PARTE I

Vida na Favela

A cidade não esconde mais sua miséria

O sol que esquenta o centro também está na favela

Há muitos sonhos e alguns perdidos nesse momento

O povo grita, chora ou apenas fica em silêncio.

Mauro Rocha

DE ONDE EU VIM

1989

Rio de Janeiro, Brasil, 4h25 da manhã.

Acordei com o som de tiros, ou, como se diz no Rio, os "tecos". Era apenas mais um dos festejos sonoros de uma organização criminosa. Logo em seguida, meu pai veio ao quarto do barraco de três cômodos onde vivíamos e perguntou ao meu irmão mais velho, Daniel:

– As crianças estão bem?

– Sim, pai – respondeu ele.

Tive uma sensação de alívio ao saber que todos os meus irmãos e meus pais estavam bem. Acredito que, naquele momento, surgiu no meu coração uma vontade imensa de sair da favela, descer para sempre do morro, viver outra vida completamente diferente daquela. Elevei meu pensamento a Deus e pedi a Ele que me mostrasse uma saída, alguma direção, pois éramos muito pobres e praticamente sem condições de escapar daquela situação precária. Não dormi nada naquele fim de madrugada.

Logo amanheceu e, após me levantar do treliche, vesti meu uniforme da escola já bem gomado e passado com ferro a carvão (é isso mesmo que você leu: nasci na cidade maravilhosa, cartão-postal do Brasil, conhecida mundialmente e, em plenos anos 80, ainda usávamos um ferro a carvão) e me preparei para ir à escola do então primeiro grau, CIEP Brisolão. Uma boa escola. Os professores eram muito amigos e davam atenção a todos, estando sempre preocupados com a gente do morro. Às vezes, não tinha aula devido aos tiroteios; às vezes, as aulas terminavam mais cedo. Recordo-me que, quando a gente ouvia os tecos, todo mundo corria para debaixo da mesa da sala de aula. A diretora, Dona Tereza, era super rígida. Nós a chamávamos de Sargento Tereza. Minha professora era a Dona Márcia. Ela sempre me dava uma palavra de confiança e ânimo. Minha "mochila" era um pacote vazio de arroz de cinco quilos.

DE ONDE EU VIM

Como não tínhamos energia elétrica no barraco de madeira, então o jeito era usar carvão. Também não havia água encanada. Tínhamos que buscar lá no asfalto, na casa do bondoso Seu Zé, amigo da família e considerado o homem mais "rico" da favela, pois era o único que morava em casa de tijolos. Era a casa mais bonita do local. Tudo isso porque o caminhão-pipa só subia o morro uma vez por semana, e muitas vezes não havia água suficiente para todos. Aliás, água encanada e luz elétrica só existiam nas promessas dos políticos, em épocas de eleição. Após serem eleitos com os votos da maioria dos desafortunados, que iludiam sem o menor escrúpulo, eles rapidamente se esqueciam do sofrido povo da favela.

No meio daquele mundo de dificuldades, privações e violência, reconheço que era afortunado em ter uma família unida e com pais amorosos, dedicados e exemplares. Também preciso dizer que, apesar de humilde, o barraco era muito limpo e organizado, e era possível ver as panelas de Dona Libinha brilhando, apesar da falta de água encanada. O chão, feito com cimento batido, era sempre encerado por mamãe com tanto capricho que também brilhava, igualzinho às panelas, após receber uma camada de Parquetina. Ainda sinto o cheiro de limpeza que a cera deixava no ar e guardo na memória o brilho do chão vermelho. Essa estrutura emocional pavimentou meu sonho de sair da favela e ir para o asfalto, de deixar o casebre de madeira e ir morar em uma habitação digna. Gostaria muito de dar mais conforto para mamãe, minha rainha.

Mas como sair do morro?

Meu pai, com seis filhos mais a esposa, totalizando oito pessoas em um barraco de madeira, desempregado, não tinha sequer condições de manter a família, imagine sair de lá.

O que fazer?

Foi ali que tive uma ideia brilhante.

– Pai, faz cocada e pé de moleque, que eu vou vender depois da escola.

DE ONDE EU VIM

Meu pai era mecânico de automóveis, pintor e pedreiro, o que surgisse ele destrinchava. Quando fazia algum bico nessas áreas, ele conseguia comprar comida. E, após mais um "contrato", papai aceitou minha sugestão e comprou os ingredientes para fazer os doces.

– Ok, Darinho – concordou Seu Tião.

Papai era amigo dos filhos. Ele adorava fazer brincadeiras e estava sempre sorrindo. Ele nunca nos encostou a mão e parecia ter uma fé inabalável em Deus, no futuro e na Divina Providência. Ele sempre dizia a frase "o futuro é glorioso". Papai era pastor evangélico e, conforme os ensinamentos bíblicos, era um exemplo de pai de família. Jamais o vi gritar ou brigar com mamãe em nossa presença. Ele era uma fonte inesgotável de carinho e afeto conosco.

Para efetuar minha primeira venda, não fui para Copacabana, pois era longe, tinha os pivetes de outras áreas que poderiam pegar meus doces e havia também o "rapa" (equipe de fiscais da prefeitura que confiscava as mercadorias de vendedores não regulamentados). Comecei então no bairro mesmo, entre os vizinhos. Papai era benquisto na vizinhança, e, em razão da popularidade dele, eu consegui vender os doces para os amigos das imediações. Lá ninguém roubava ninguém, e o código de honra da favela era implacável: quem roubava dentro da favela era sentenciado ao micro-ondas, ou seja, colocavam a pessoa em pé dentro de um monte de pneus dispostos em forma de barril e, após jogarem gasolina ou outro líquido inflamável, ateavam fogo na vítima ainda viva e depois a jogavam em um cemitério clandestino no morro.

Minha primeira venda foi na oficina do saudoso Negão, o mecânico mais conhecido da região. Ele era muito querido por todos: um cara alegre, sempre no pagode, amigo de todos. Depois de se aposentar, ele voltou para Minas Gerais, sua terra natal.

– Chega mais moleque, o que você tem nesse tabuleiro?

– Cocadas 100% naturais.

– Deixa dez pra mim.

Pulei de alegria quando cheguei em casa e comemorei com meus pais. Seu Tião e Dona Libinha ficaram alegres com o meu entusiasmo. Hoje, sei que a felicidade dos pais é ver os filhos felizes.

Comecei à uma da tarde e quatro horas depois já tinha vendido tudo. Voltei para casa e entreguei todo o dinheiro ao meu pai.

Ouvi-o dizer, com um sorriso estampado no rosto:

– Libinha, vamos ao mercado.

Fizemos compras de alimentos que estavam faltando, de algumas frutas e do meu favorito: iogurte. A experiência com a venda de doces deu certo, e logo meus outros irmãos estavam ajudando na confecção das cocadas.

E assim, com todos unidos ajudando uns aos outros, tivemos êxito nas vendas. Após um breve período vendendo doces, eu consegui uma vaga como office-boy no centro do Rio, onde permaneci por cinco anos, passei pelo serviço militar obrigatório, trabalhei ainda com vendas e, aos 24 anos, entrei para o ramo da construção civil. As circunstâncias profissionais de papai também mudaram para melhor. Ele começou a ser contratado para obras maiores, tornou-se um pintor de paredes reconhecido, conseguiu muitos clientes e, consequentemente, nossa vida foi melhorando. Daniel aprendeu o ofício de mecânico de carros, Davi aprendeu a trabalhar na construção, e eu também me mantive no setor.

Após algum tempo, finalmente saímos do morro. Fomos morar em Tomás Coelho, bairro dormitório de classe trabalhadora, localizado na Zona Norte do Rio de Janeiro, que não oferecia aos seus moradores muitas opções de lazer e cultura, mas, comparado ao morro, era dez vezes melhor. Tinha até estação de trem! Depois, com a construção da Linha 2 do metrô, foi inaugurada a estação de Tomás Coelho. Sua área se estendia entre os morros do Urubu, do Juramento e a Serra da Misericórdia. Nessas encostas, localizam-se favelas, como o Parque Silva Vale, Juramento, Nova Maracá e Juramento II, próximas a conjuntos habitacionais. Era um bairro com mais estrutura que a favela onde morávamos. Lá havia saneamento básico, ruas asfaltadas e estações de trem e metrô. Um luxo!

Morando em uma casa melhor, com a vida mais estabilizada e meus irmãos trabalhando, eu consegui me dedicar um pouco mais à escola e concluí meus estudos secundários fazendo supletivo.

Recordando o passado enquanto escrevo estas memórias, lembro com saudade daqueles tempos e agradeço a família unida e amorosa que eu tive. Papai era um exemplo de trabalho duro e retidão moral, e mamãe era uma mulher guerreira e sábia, que cuidava da família com dedicação e zelo, sempre elevando suas preces ao Altíssimo. Essas qualidades morais, somadas à união de nossa família, nos deram estabilidade para termos sucesso e, principalmente, sermos pessoas honestas e de bem. Nada disso é comprado pelo dinheiro. Sou infinitamente grato pela família que eu tive a dádiva de ter.

Sinto que, naquela noite do tiroteio, Deus ouviu meu lamento e começou a mudar minha sorte.

Sonhando mais alto

Suba o primeiro degrau com fé, não é necessário que você veja toda a escada, apenas dê o primeiro passo.

Martin Luther King Jr.

Algum tempo depois, após ter mais estabilidade, como condições melhores de moradia e trabalho, comecei a sonhar mais alto e pensei: "Vou pra Nova York. Quero trabalhar, comprar uma casa pra mamãe, sair do aluguel...".

Foi quando, em uma conversa informal, comentei sobre minha ideia entre a rapaziada, e o Robson, amigo dos meus pais, prometeu me arranjar trabalho nos Estados Unidos, pois tinha um contato lá.

– Você só precisa dar um jeito de chegar até lá – disse ele.

DE ONDE EU VIM

Aquela promessa me encheu de esperanças. Já me imaginei voando para a América, trabalhando, conhecendo aqueles lugares maravilhosos que a gente só via em filmes, comprando lindos presentes para mamãe. Minha imaginação foi longe. Sabia que não seria fácil, mas minha força de vontade faria as coisas acontecerem. Eu sentia isso.

Sem nunca sequer ter saído do Brasil, fui ao Aeroporto do Galeão buscar informações sobre como obter o passaporte para viajar.

No momento em que eu estava na antessala da Polícia Federal, notei que saíram, escoltados, dois jovens algemados. Eles não eram os tipos que eu estava acostumado a ver lá no morro. Curioso, perguntei a um agente que estava no plantão o que eles tinham feito.

– Nada, rapaz – respondeu ele. – Estavam ilegais na terra do Tio Sam.

Ouvir aquilo me assustou, mas ao mesmo tempo me deu coragem. Disse para mim mesmo: "Eles vieram. Eu vou. Quero tirar meu passaporte!".

DE ONDE EU VIM

– Você está no lugar errado. Tem que ir à Praça Mauá, no Centro, no prédio da Polícia Federal – instruiu o agente ao ser questionado sobre o procedimento para tirar passaporte.

Os EUA ocupavam o posto número um de solicitação de vistos por imigrantes brasileiros, portanto a seleção costumava ser bastante criteriosa. Mas isso não me desanimou. Após preencher inúmeros formulários e pagar uma taxa caríssima, chegou o dia da tão sonhada entrevista. No mapa dos Estados Unidos, eu já conhecia do Maine a Seattle, além de quase toda história americana: desde o primeiro presidente, George Washington, passando por John F. Kennedy, que foi o responsável pela Lei dos Direitos Civis, que propunha o fim da segregação racial, os demais presidentes, o processo de colonização, a Revolta do Chá, também conhecida como a "festa do chá de Boston", a Declaração da Independência, até o noticiário semanal. Eu devorava tudo o que podia sobre a terra do Tio Sam.

Ficava emocionado ao ler sobre o movimento dos Direitos Civis dos negros, as campanhas de igualdade e respeito a nós como seres humanos. Gostava de saber que em outro país alguém brigou – a ainda briga – pelos nossos direitos. Alguém protestou para que pudéssemos ser atendidos em restaurantes, cinemas, salões de baile e que também pudéssemos usar o banheiro e beber água do mesmo bebedouro.

Apesar de ter sua economia e grandeza baseadas no trabalho escravo, regime que durou séculos, não somente nos Estados Unidos, mas também no resto do chamado "Novo Mundo", os negros não tinham os mesmos direitos, mesmo após o fim desse regime cruel de trabalho. Eles viviam segregados e obrigados a usar instalações "separadas", tendo à disposição hotéis, restaurantes e demais estabelecimentos somente para esse público. Esses locais eram de qualidade inferior, embora em cada casa luxuosa, em cada palacete, com suas suntuosas escadarias de madeira trabalhada ou mármore, tenha tido o toque de uma mão negra erguendo as construções e contribuindo imensamente para a grandeza daquele país.

DE ONDE EU VIM

Apesar do que o povo africano deu às Américas com sua força de trabalho, foi preciso muita luta para que as diferenças diminuíssem e fossem, pouco a pouco, efetuadas. Foi necessária uma guerra para que os escravos fossem libertos, através da 13ª Emenda na Constituição Americana, em 1865. No Brasil, a libertação só ocorreria em 1888, ou seja, vinte e dois anos mais tarde, com a Lei Áurea, assinada pela Princesa Isabel. Porém, no Brasil, o povo, em sua maioria negro e mestiço, continuava segregado e vivendo nas favelas com os brancos pobres, descendentes de imigrantes, que também um dia sonharam com uma vida melhor nas Américas ou foram obrigados a deixar a velha Europa em razão da fome e das guerras.

Para mim, a América era a terra dos sonhos, das oportunidades e da bonança. Embora também existisse racismo, a luta contra ele era escancarada, organizada e a desigualdade era menor. O preto não deixava de ser discriminado, mas tinha mais dignidade que no Brasil, onde não tinha acontecido guerra para nos libertar, mas também não houve nenhum plano para nos integrar à sociedade. Sei que meu caso faz parte das exceções, por isso quis compartilhar minha história.

Quando chegou o grande dia, eu estava ali, na fila, muito ansioso para a entrevista, observando algumas pessoas saindo felizes, já com visto na mão, outras chorando, outras discutindo...

Aquela atmosfera de vistos, entrevistas e ares internacionais foi me invadindo. Pensei: "Uau! Não é nada daquilo que me disseram... vai ser de boa".

Em inglês, o agente pergunta:

– Next, please! What is the purpose of your visit to America?

– Falo somente português – respondi.

Em seguida, ouvi com sotaque bem americano:

– O que o senhor que ir fazer nos Estados Unidos?

– Turismo – respondi.

26

DE ONDE EU VIM

O oficial me olhou, analisou meus documentos e, em seguida, deu um carimbo na última folha do meu passaporte B2, que era o código para o visto de turismo, o que não me permitiria trabalhar.

– Senhor Oliveira, volte em outra ocasião – disse ele, após indeferir meu pedido, devolvendo-me os formulários.

Ainda voltei lá outras quatro vezes, todas sem sucesso. Quatro "nãos".

Meu sonho de viver o American Dream na Big Apple dava-se por encerrado. Mas eu não me deixaria definir por aquele fiasco ou, como costumo dizer para mim mesmo até hoje, aquele pequeno contratempo. Era necessário partir para o plano B. A gente sempre precisa ter um plano B.

Quem me deu uma sugestão de ouro foi papai. Ao ver minha frustração, sugeriu-me que eu tentasse Portugal, a terra dos nossos patrícios.

Partilhando a mesma língua e uma cultura semelhante, Portugal devolveu-me a esperança brevemente ofuscada pelas infrutíferas idas ao consulado americano. Abracei a ideia com carinho.

DE ONDE EU VIM

Chegada à Europa

O ano era 2002, e a ideia de trocar a América do Norte pela Europa começou a tomar forma, e quanto mais eu sentia essa realidade se transformando de minha nuvem de sonhos para fatos, mais intensas eram minhas sensações. Um misto de medo, incerteza e ansiedade invadia meu coração. Mas nada disso me impediu de dar continuidade aos meus planos. Eu tinha, além do sonho e da vontade, uma mãozinha de Deus: eu tinha amigos capixabas, Seu Geraldo e Dona Rita, que viviam em Évora, capital do Alentejo, e conversei com eles sobre meus planos de emigrar para a Europa.

– É tudo muito simples – assegurou-me Seu Geraldo. – Você vai à agência e compra um voo para Madri com escala em Paris. Chegando lá, você pega o ônibus que vai para Lisboa, na Estação Plaza Del Conde de Casal. A viagem demora umas oito horas – disse ele, como se todo esse rolê fosse a coisa mais simples do mundo.

DE ONDE EU VIM

O fato era que eu ia cruzar o Atlântico rumo ao "Velho Mundo".

Mais uma vez, como em todos os momentos decisivos da minha vida, deixando minha família pela primeira vez, entreguei minha vida nas mãos de Deus. E, de alguma forma, eu sabia que Ele tinha um plano para mim, sabia que havia promessas a serem cumpridas e eu teria a possibilidade de um futuro glorioso, quando contrastado com todas as dificuldades que eu e minha família passamos.

Eu me apeguei à minha fé.

Comprei a passagem e ainda me recordo da ida ao Aeroporto do Galeão com destino a Paris. Senti um frio na barriga e, ao mesmo tempo, um orgulho de minha ousadia, uma gratidão infinita e um misto de felicidade por estar entrando naquele avião, por ter conseguido meu tíquete para uma oportunidade de mudar o rumo da minha história. Decidi que minhas circunstâncias não iriam me limitar.

DE ONDE EU VIM

Recordei-me da vida na favela, da pobreza e de todos os obstáculos que tinha contornado, não apenas por ser muito pobre e morador de favela, mas também por ser negro, enquanto entrava no avião da Air France, rumo à famosa Cidade Luz.

Aquele era o meu grande momento.

Nascer pobre independe de nossa vontade. Permanecer pobre pode ser, muitas vezes, escolha de cada um. Tracei meu caminho munido de coragem, determinação e confiança, mesmo com conflitos e receios. O medo faz parte da vida, então se acostume com ele.

Segui para a Europa com a cara, a coragem, um cheque de viagem de 500 dólares e mais 500 euros, a nova moeda que estava começando a circular na velha Europa, além de muita, muita esperança, dobrada com as roupas na mala.

Fiquei encantado com a Espanha. Foi o primeiro país que pude visitar. Em Paris, somente mudei de avião. Fiquei o dia todo andando por Madri, após deixar minha mala no guarda-volumes da estação rodoviária Conde de Casal. Visitei o Palácio Real, antiga residência dos monarcas, que depois era apenas utilizada para eventos reais. Visitei também a Puerta del Sol, local conhecido como o marco zero de Madri, sendo bastante visitado por turistas, pois é onde se encontra a Estátua do Urso e do Medronheiro, símbolo da cidade. Conheci a Plaza Mayor, local que achei fascinante por conta da belíssima arquitetura. Além de tanta beleza, fiquei admirado com a quantidade de bares e cafés de todos os tipos. Andei pela Gran Via, a rua mais badalada de Madri, com marcas famosas e comércio variado. Passei pelo Estádio Santiago Bernabéu, sede do Real Madri, e por fim o Museu do Prado.

Se eu pudesse, ficaria mais dias passeando e conhecendo aqueles pontos turísticos lindos, mas tinha que voltar para a estação de ônibus.

Minha nova vida me aguardava.

DE ONDE EU VIM

DE ONDE EU VIM

DE ONDE EU VIM

PARTE II

Primeiros Empregos

Transportai um punhado de terra todos os dias e fareis uma montanha.

(Confúcio)

Estava tudo indo bem. Eu sentia o sabor de um sonho sendo realizado. Eu nem acreditava que tinha chegado à Europa. Após conhecer um pouco de Madri, peguei um ônibus para Lisboa. Chegando lá, fui trocando de ônibus até chegar a Évora. O primeiro lugar que visitei foi a Capela dos Ossos, um dos monumentos mais famosos da cidade. A capela está situada na Igreja de São Francisco e, pasme, como o nome já indica, é feita de ossos humanos. É bizarro e belo ao mesmo tempo.

Após fazer um turismo pela cidade, chegou a hora de procurar um trabalho, pois o dinheiro era limitado, e eu não podia me dar ao luxo de ficar somente passeando. Comecei a me deparar com a realidade.

DE ONDE EU VIM

A lei que permitia a regularização de cidadãos do Brasil tinha sido suspensa, pois, em razão da chegada descontrolada de brasileiros, o governo português resolveu frear as legalizações. Para meu azar, a lei que me beneficiaria entrou em vigor na semana da minha viagem.

Fiquei hospedado na casa do senhor Geraldo e dona Rita, o casal de amigos de Vitória/ES que eu já mencionei anteriormente. Havia muito trabalho, mas eu não podia trabalhar por não estar legalizado. Só conseguia trabalhar escondido no sábado e domingo.

Foi quando um cara doidão, conhecido como Zé Bacalhau, o Vagante, me deu trabalho nos fins de semana. Um amigo em comum me deu o telefone do Zé, e logo que eu liguei ele me disse sem maior cerimônia:

– Já sei da sua história. Pode vir aqui que vou te arrumar alguma coisa.

Zé Bacalhau tinha péssima fama na cidade. Era boêmio e, para completar o pacote, tinha a pecha de ser mau pagador. A situação não era promissora, mas era isso ou nada. Eu sabia que ele não seria meu amigo, porém decidiu me ajudar porque se compadeceu com minha história. E eu seria mais um "funcionário" das obras que ele tocava. Além de mim, ele empregava mais uns sessenta homens. Muitos sem documentos, pois assim ele poderia pagar um valor menor.

Apesar da informação que eu tinha sobre Bacalhau, fui ter com ele mesmo assim. Cheguei lá na obra dele na maior cara de pau.

– O que você sabe fazer? – perguntou Bacalhau.

– Sei colocar cerâmica, fazer pinturas... – respondi esperançoso. Nada, nada, eu já considerava aquele momento uma "entrevista de trabalho".

Algum tempo depois, com pouquíssimo dinheiro, pois não podia trabalhar, salvo de maneira clandestina e somente por algumas horas, fui morar de favor no estádio de futebol de Montemor-o-Novo.

DE ONDE EU VIM

Após três meses, a diretoria do clube descobriu o locatário clandestino e não gostou.

– Ouça lá, pá, ficas cá a esconder! – esbravejou o diretor.

Zé Bacalhau interveio e pediu ao diretor do estádio para me deixar morar lá. Para convencê-lo, prometeu um desconto na obra em troca do abrigo. A morada era muito simples. Não tinha cama, e eu dormia em um colchão no chão. Havia um fogão elétrico de duas bocas, e "meu" banheiro era o vestiário dos jogadores. Mas estava ótimo. Era melhor que a rua.

Mas tinha "termos e condições": eu saía às 6 da manhã e só podia voltar após as 22, quando acabava o treino de futebol. Quando eu vinha do trabalho em Évora, ficava sentado na rodoviária de Montemor, muitas vezes das 7 até as 10 da noite. Cansado, com fome e sede, pois não tinha muito dinheiro para comer na rua, tinha que esperar o treino acabar para retornar ao estádio. Foram dias duríssimos, e eu comecei a pensar em um jeito de fugir daquela situação.

DE ONDE EU VIM

Às vezes, quando estava sozinho no estádio, me batia solidão, insegurança, medo. Isso sem mencionar a parte prática. No Brasil, eu não sabia nem fritar um ovo, porque a Dalvinha ou a Ozaninha, minhas irmãs, faziam a comida em casa. Era maravilhoso. Elas sempre cozinhavam para toda a família. Lembrei-me com saudade do aroma advindo daquelas panelas quando me vi diante do fogão sem saber fazer nada. Naquele tempo, não tinha youtuber para ensinar e muito menos dinheiro para ligar para a família no Brasil e pedir advice. O jeito foi alimentar-me de misto quente, também conhecido como bifana.

Eu morei no estádio por um ano e trabalhei para o Zé Bacalhau por dois anos, no total. Após esse período, já conhecendo o trabalho e os macetes, comecei a trabalhar por conta.

Tempos depois, quando eu já tinha saído de Portugal, soube que o Zé Bacalhau se casou com uma brasileira e mudou para o Brasil.

DE ONDE EU VIM

Eu até sentia saudade da residência do casal que me recebeu assim que cheguei, porém ele recebeu outros familiares pouco tempo depois, de modo que minha permanência no local se tornou inviável, pois a casa ficou cheia. Era hora de buscar meu rumo.

E foi assim que eu fui parar no estádio. Eu não podia pagar por nenhuma acomodação com meus parcos vencimentos. A ideia foi do Zé. Não foi fácil, mas mesmo com todas as dificuldades, Deus sempre abria uma porta, uma janelinha ou, no meu caso, um estádio inteiro. O importante é que eu não fiquei ao relento. Mas somente aquelas horas de trabalho nos fins de semana não seriam suficientes para me manter, mesmo sem pagar por acomodação. Logo, fui atrás do meu segundo emprego: vendedor de TV a cabo ou, como se diz em Portugal, delegado de vendas.

Que ironia!

Preconceito

Ninguém nasce odiando outra pessoa pela cor de sua pele, por sua origem ou ainda por sua religião. Para odiar, as pessoas precisam aprender, e se podem aprender a odiar, elas podem ser ensinadas a amar.

(Nelson Mandela)

Em um belo dia, eu estava na rodoviária de Montemor, já morando no estádio, à espera do ônibus para Évora, onde ia tentar conseguir mais horas de trabalho, e achei estranho todos me olhando, como se eu fosse diferente...

Talvez eu fosse mesmo, pois eu era o único negro naquele local. Diferentemente do Rio de Janeiro e do restante do Brasil, onde a miscigenação produziu uma aquarela composta de diversas tonalidades de pele, desde leite branco, caramelo queimado do sol, diversos tons de café com leite, até várias nuances de chocolate, lá não havia muitos mestiços ou negros, e as pessoas reparavam na minha cor. Ouvi de um rapaz, ou gajo, como eles dizem:

– Mais um forasteiro.

Não entendi nada. Ou preferi "não entender". Eu tinha que ignorar aquilo se quisesse sobreviver, se quisesse vencer. Não quero colocar a culpa dos meus infortúnios na minha cor, mas, sim, existe muito racismo no mundo. Eu sentia, literalmente, na pele. Sofria duplamente: por ser negro e por ser imigrante. Mas não vou me alongar nessa temática. Eu me recuso a ser mimizento.

Recordei-me de um dos muitos episódios ocorridos no Brasil, onde, apesar de sermos mais misturados, também não é diferente. Certo dia, eu e meu pai fomos visitar a tia do rapper Gabriel, o Pensador, em um luxuoso condomínio de classe alta na Barra da Tijuca. Ela era conhecida de papai, através de uma cliente. Após o porteiro liberar nossa entrada, fomos pegar o elevador principal, e nele estava descendo a síndica do prédio. Ao se deparar com a gente, ela logo disparou:

– Vocês podem usar o elevador de serviço.

– Eles são visitantes – informou o porteiro, constrangido.

Na Europa, quando eu era vendedor, ao bater na porta, abriam e diziam à queima-roupa:

– Não atendo pretos! – e batiam a porta na minha cara.

Aquilo era desconfortável? Muito. Mas o Deus que me amparava e os anjos que ele enviou para cuidarem de mim eram o meu sustentáculo.

Prefiro recordar o carinho e todo o suporte que recebi, desde o Zé Bacalhau, que, além de me dar trabalho e abrigo, me pagou corretamente cada centavo, até a taxista, gente boníssima, que se tornaria sogra de meu irmão e seria parte da minha família.

DE ONDE EU VIM

Mesmo com esses dissabores, lá fui eu a caminho da entrevista do meu segundo emprego. Sim, também esse era informal, pois eu ainda não tinha permissão legal para trabalhar oficialmente. Já tinha conversado com o senhor Joaquim Manuel por telemóvel (sim, em Portugal não se fala "celular" como no Brasil).

Chegando a Évora, fui ao escritório, e a secretária logo perguntou:

– Está aqui para a vaga de pedreiro?

– Não, senhora. Estou aqui para a vaga de vendedor! – respondi corajosamente.

Ela arregalou os olhos e disse sem a menor cerimônia:

– Espere um minuto. Se faz favor... então, pá, tu estás em Portugal. Aqui se fala "delegado comercial" – corrigiu-me.

Se eu puder dar uma dica a quem quer viver ou, principalmente, trabalhar em Portugal, é esta: aprenda o vocabulário local. Em Roma, fale italiano, em Portugal, acostume-se ao português deles, ora pois!

45

DE ONDE EU VIM

Aquele "um minuto" que a secretina me pediu para esperar se prolongou por 30 minutos, e aí veio o senhor Manuel, visivelmente com cara de decepção e sem aquela alegria que eu senti em sua voz quando me falou ao telefone, em nossa breve entrevista.

– Gosto dos brasileiros. São trabalhadores – disse-me ele tentando disfarçar, mas ali na minha frente eu pude sentir o peso da discriminação. – Já preenchi a vaga – disse ele na hora.

– Mas... senhor Manuel, a gente se falou há apenas duas horas. O senhor disse "a vaga é sua" – rebati na lata.

Sem alternativa, ele afiançou:

– Volta amanhã...

Voltei lá por mais quinze dias seguidos e em quatorze recebi um "não". Na 15ª vez, o velho decidiu me dar uma chance. Acho que se cansou de ver minha cara ou, na melhor das hipóteses, apiedou-se de mim. Eu o venci pelo cansaço.

DE ONDE EU VIM

Virei delegado comercial (vendedor de TV a cabo). Não posso dizer o nome da empresa, mas posso dizer que eu tinha que alcançar uma meta de vendas para ter um salário fixo e manter-me.

Com a ajuda dos outros delegados, eu fui me firmando no meio. Foram muitos os que me apoiaram: os casais Alirio e Denildes, Rogério e Adriana, Maksthon, Leonice, Alesandro, mais conhecido como Internet, o famoso índio Joildes (nós o chamávamos assim porque ele realmente parecia um nativo das Américas) e Marcio Tunes, um grande parceiro.

A alegre senhora do táxi, dona Antônia, era uma portuguesa abençoada, sempre disposta a ajudar os brasileiros em Évora. Como o destino sempre tem seus caprichos, essa senhora virou sogra do meu irmão Oseas, que se casou com a filha dela, Claudia. Ambos se conheceram em um bar onde meu irmão era segurança. Tudo sem saber que a dona Antônia era minha conhecida e amiga. Oseas e Claudia se casaram após alguns meses e estão juntos há dezesseis anos.

DE ONDE EU VIM

O casal Alirio e Denildes também me ajudou muito. Foi do Alirio que eu comprei meu primeiro carro em Portugal. Eles moram em Portugal até a presente data. Eu venci mais esse desafio.

Mas nem tudo era a brisa suave do mar do Rio de Janeiro em dia de calmaria. Quando eu batia nas portas de alguns alentejanos, eles se assustavam, porque nunca, até então, tinham visto um preto vendendo TV a cabo. Eu era o primeiro. Em alguns momentos, eu me sentia uma fruta exótica.

Foi um sucesso quase que absoluto. Digo isso porque passei por mais algumas situações embaraçosas de preconceito, xenofobia e racismo. Ora eram anjos, ora preconceituosos. Algumas vezes, também já ouvi gente dizendo:

– Volta para tua terra, preto!

– Só se você for comigo para irmos juntos dar um mergulho na praia de Copacabana! – respondia debochado.

DE ONDE EU VIM

No fundo, aquilo me doía um pouco. O preconceito dói, machuca a alma da gente, mas eu decidi não dar atenção para esse tipo de pessoa. Hoje sei que a vergonha pertence a eles por serem limitados, e não a mim, por ser quem sou. Tenho orgulho da minha origem e da minha história.

Li muito a respeito da diáspora africana, de como meus antepassados chegaram ao Brasil e como os europeus chegaram à mãe África. Li sobre o tratado de Berlim, quando potências europeias, representadas por suas velhas raposas, dividiram a velha África como um bolo, sem se importar com divisões tribais, linguísticas ou étnicas. Para alguns, aquele evento foi o responsável pelo eterno conflito em que aqueles países vivem. Li sobre a poluição causada por grandes companhias petrolíferas, deixando seu rastro nas aldeias da Nigéria, e tantas outras atrocidades cometidas nas plagas africanas.

Eu sabia muito de minha história e de meu valor. Eu estava ali para somar, não para prejudicar ninguém. Minha ancestralidade, meu nascimento na América do Sul, minha origem em uma favela do Rio de Janeiro e a minha língua-mãe, o português herdado dos colonizadores, eram tudo parte de mim, da minha constituição. Eu sou negro, mas também sou brasileiro. Eu sou a mistura. Sou um cidadão da Terra. Integro o plano original do Criador. Sou parte da criação e de tudo o que está no nosso planeta.

Eu estava de coração aberto em busca de uma vida melhor, de um lugar no mundo. Um lugar para chamar de lar.

Anjos pelo Caminho

Passageiro Clandestino

No porta-malas do meu automóvel

Levo um anjo escondido...

Quando chegamos a um descampado,

Ele sai lá de dentro, estende as asas, belas como a vitória

E aí, então, nos seus ombros, dou uma longa volta pelos céus da cidade...

Mario Quintana

Levei muitos nãos, mas nunca pensei em desistir. Os benfeitores que encontrei pelo caminho não me deixaram.

Além dos que já citei, também preciso mencionar a dona Albertina. Até hoje estou tentando entrar em contato com a família dela, mas não estou conseguindo. Tive momentos memoráveis na sua casa. Eles faziam churrasco com picanha e colocavam músicas brasileiras para a gente se sentir em casa. Era uma delícia estar lá. Conheci-a através do seu filho Ângelo, um português muito gente boa. Ele tinha uma alma pura e era amigo de todos. Ângelo ficava bravo quando via algum imigrante ser destratado. Naquela época, havia muitos imigrantes no Alentejo, búlgaros, romenos, russos, húngaros, africanos e, principalmente, muitos brasileiros.

Dona Albertina, uma típica portuguesa alentejana, uma senhora despida de qualquer preconceito, um ser humano muito elevado, lavava minhas roupas. Era como uma mãe. Foi um dos anjos enviados por Deus para me ajudar.

Dona Antônia, mesmo antes de saber que seria a futura sogra do meu irmão, estava sempre alegre, sorridente, disposta a ajudar os brasileiros em Portugal. Ela e seus filhos me acolheram de braços abertos. Passei meu primeiro Natal longe do Brasil com eles, porém dona Albertina e seus filhos fizeram me sentir em casa.

Não posso me esquecer de mencionar o engenheiro agrônomo Frederico e seus pais, que me cederam uma casa para morar de graça em Montemor.

Tenho também muita gratidão aos clientes que fiz em Lisboa e Évora. E em Montemor, conheci a família Mateus, que era da igreja e muito unida, sempre preocupada comigo, como se eu fosse parte da família deles. Indicavam-me para fazer trabalhos, e o senhor Mateus me ligava no celular:

– Está precisando de algo? Está tudo bem ?

Foram todos grandes amigos que Deus me deu. Meus anjos sem asas, mas com enormes corações.

Para dizer a verdade, foram muitas as pessoas bondosas que eu encontrei, mas não me lembro dos nomes. Foram muitos os anjos na minha vida.

DE ONDE EU VIM

Foi através do Rogério, sobrinho da dona Rita, que eu consegui o trabalho como delegado de vendas. Na Europa, a indicação de um amigo ou conhecido que já esteja na empresa conta muito. Às vezes, conta até mais que a experiência. É aconselhável também, sempre que possível, sair numa boa com o chefe, pois estão sempre pedindo cartas de referência, não somente de chefes, mas de supervisores, coordenadores, professores e mesmo clientes. Essa é mais uma dica que dou para quem deseja trabalhar em solo europeu.

Quem tem amigos tem tudo. Valorize os seus.

DE ONDE EU VIM

Portugal

Ó mar salgado, quanto do teu sal

São lágrimas de Portugal!

Por te cruzarmos, quantas mães choraram,

Quantos filhos em vão rezaram!

Quantas noivas ficaram por casar

Para que fosses nosso, ó mar!

Valeu a pena? Tudo vale a pena

Se a alma não é pequena.

Quem quer passar além do Bojador

Tem que passar além da dor.

Deus ao mar o perigo e o abismo deu,

Mas nele é que espelhou o céu.

Fernando Pessoa

DE ONDE EU VIM

Portugal é um país lindíssimo. Com muitos paraísos verdes, eu me sentia em casa. É um dos países mais baratos da Europa para viver. A educação é de qualidade, a língua é a mesma, o que facilita a adaptação, e a segurança é muito melhor que no Brasil. Se eu fosse citar a razão número um do êxodo brasileiro, diria que é a segurança. Em Portugal e na maioria dos países da Europa a gente se sente seguro.

Ponto negativo? O frio. As vilas e cidades são bonitas e organizadas, e as moradias, bacanas, apesar de eu achar as casas frias, e em razão disso vivia cheio de roupas, pois nunca tinha saído do verão carioca.

Há também os belíssimos azulejos portugueses, que são exportados para todo o mundo, pois, além de belos, são verdadeiras obras de arte e muitos retratam a história da arte, arquitetura e da cultura portuguesa.

A culinária destaca-se por ser uma das melhores e mais saudáveis da Europa. As refeições seriam descritas com mais justiça se fossem chamadas de banquetes. Há fartura de comida, e no fim dos fartos almoços e jantares é servido bolo acompanhado de um espumante gelado e depois uma xícara de café expresso para cada convidado. Uma delícia!

Na gastronomia portuguesa não pode faltar o bacalhau, e há mil maneiras de prepará-lo. E a minha recomendação para quem visita Portugal é que prove o pastel de Belém, uma tortinha típica, feita de massa folhada coberta com creme feito à base de gemas e salpicada com canela. Também é bastante famoso o galo de Barcelos. Conta a lenda que, no século XVI, um homem foi sentenciado à morte e, para salvar-se, após jurar inocência, ele disse que, caso sua condenação fosse injusta, o galo assado cantaria. Dizem que o galo cantou, e o homem se safou. Assim como eu também me livrei de muitas tribulações.

Não é possível descrever tudo em poucas linhas. Como na maioria dos lugares maravilhosos do mundo, a melhor experiência é a que se vive. Recomendo ao menos uma visitinha.

DE ONDE EU VIM

Eu permaneci em Portugal por seis anos.

DE ONDE EU VIM

Processos

A borboleta nos ensina que etapas são necessárias para que nos transformemos. Ela passa por vários estágios, de ovo para larva, desta para pupa e finalmente chega à fase adulta. Não se pode pular nenhum deles porque são indispensáveis para seu processo de autotransformação. Temos muito a aprender com elas... clareza mental, leveza, paciência, autoconhecimento, persistência, liberdade. Ah... as borboletas, como dizia Rubem Alves, "não as haveria se a vida não passasse por longas e silenciosas metamorfoses".

Kaline Callou

Não foram seis anos ininterruptos. Algum tempo depois de ter chegado a Portugal, cerca de uns dois anos, eu tentei ir para outros países.

Eu estava trabalhando em Portugal, já tinha meus clientes, era conhecido etc., mas resolvi ir para a França, de maneira ilegal, pois ainda não tinha tido tempo de obter a cidadania portuguesa por naturalização no ano de 2003. Eu fui para a França e lá me dei conta de que a falta dos devidos documentos para trabalhar seria um grande obstáculo. Mas eu quis seguir um atalho, um caminho mais rentável. Não deu certo. Então pude perceber que tudo na vida tem um processo, um tempo, uma hora certa para acontecer. Há certas experiências pelas quais precisamos passar para evoluirmos.

Não há como fugir dos processos. Nem sempre é o objetivo final que conta, mas o que aprendemos na caminhada. Às vezes, recuar pode parecer medo, covardia, conformismo, mas é preciso saber a hora de recuar! Não significa desistir, e sim pensar no coletivo, na família, nos objetivos a longo prazo.

Ao longo de nossa vida tomamos muitas decisões, e às vezes acertamos, às vezes erramos, mas sempre colhemos os frutos das nossas escolhas.

DE ONDE EU VIM

Naquele momento na França, vi que era preciso recuar para vencer. Depois fui para a Espanha e em seguida para a Irlanda, onde fui trabalhar para uma empresa de construção civil. Ainda tenho contato com meus amigos radicados na Irlanda, o Armando e sua esposa, além do Willian Kiboa. Após essas tentativas frustradas, retornei para Portugal pela língua e pela facilidade de me legalizar. Após obter meu passaporte português por tempo de residência e trabalho, aí sim eu poderia desbravar a Europa e ajudar minha família, especialmente meus pais, que tanto fizeram por mim. Na época, todos os brasileiros com cinco anos de descontos na Segurança Social já estavam aptos para adquirir a nacionalidade portuguesa. Foi assim que eu a obtive: com trabalho, sacrifício e pagamento de impostos. Tudo nos conformes.

Muitas vezes julgamos os fatos ou situações que ocorrem em nossa vida como sorte ou azar, feliz ou infeliz, capaz ou incapaz, competente ou incompetente, feio ou bonito, rico ou pobre, escassez ou abundância, enfim, são julgamentos que fazemos sem avaliar as coisas sob o ponto de vista do "TODO", de situações que, na verdade, fazem parte de um processo de construção de vida. Reclamar ou simplesmente se conformar com os fatos negativos ou positivos pode ser perigoso.

O sentimento de tristeza ou de euforia imediatista decorrente desses fatos precisa ser repensado. Não é que você não possa se alegrar com um fato ou uma conquista importante em sua vida, mas isso não pode ser um motivo para você "baixar a guarda", se acomodar e achar que tudo está certo e que sua vida mudou completamente.

Após obter minha legalização e o passaporte europeu, decidi sair porque queria explorar a Europa, aprender inglês, francês, outras línguas e culturas. O passaporte português me dava livre acesso a toda Europa, especialmente os países da União Europeia.

Ali iriam começar os próximos capítulos da minha aventura. Eu tinha muitos planos e estava ansioso para colocá-los em prática. Eu era reconhecido e grato.

DE ONDE EU VIM

PARTE III

Irlanda: Quarenta Tons de Verde
(CITACAO)

Março de 2006. Eu me sentia supercontente, pois tinha acabado de assinar meu primeiro contrato para sair de Portugal em direção a outro país da velha Europa. O Max me ajudou, pois foi por indicação dele que eu consegui o contrato.

Fui de avião de Faro (Portugal) para Dublin, capital da Irlanda. A viagem dura duas horas e cinquenta minutos. Pude sentir que estava trilhando o caminho certo, e o vento soprava a meu favor.

Estava indo para a famosa Ilha da Esmeralda, um dos apelidos da Irlanda, em razão das várias tonalidades de verde que compõem sua exuberante vegetação. Cheguei à ilha bem no dia de São Patrício (Saint Patrick, em inglês), símbolo do folclore e padroeiro da Irlanda. Tudo era muito diferente de Portugal, que eu já considerava como minha segunda casa.

DE ONDE EU VIM

Quando cheguei à Irlanda, senti frio, muito frio, devido ao país se localizar bem no norte da Europa. Estava feliz por conhecer mais um país da velha Europa, a expectativa era grande e as promessas eram boas. Foi diferente de quando cheguei a Portugal. Na Irlanda, já tinha um trabalho me esperando. Aquilo me deu mais segurança.

Promessas estavam se cumprindo em minha vida. Era confiança em Deus. Minha fé era inabalável, e eu sabia que era questão de tempo para eu trazer meus pais e irmãos para a Europa, pois eu queria ter minha família perto e lhe proporcionar uma situação de vida melhor.

Era uma nova aventura. Caminhava pelas ruas de Dublin, quando notei que cada casa tinha suas portas pintadas de diferentes cores. Então, curioso, perguntei ao meu amigo Maksthon Silva, o Max, qual era o motivo de estarem pintadas daquela maneira. Ele explicou que, como os irlandeses bebem muito, era para não entrar na casa errada. Outra coisa interessante e estranha para mim foi ver carpete nos banheiros e ter que acender a luz do banheiro pelo lado de fora. Eu entrava no banheiro e ficava procurando onde acendia a luz. Um ponto bastante positivo da Irlanda é que os mercados não dão nem vendem sacola plástica. Cada um tem que levar a sua, e o meio ambiente agradece.

Antes de continuarmos, deixe-me falar um pouco sobre o Max...

Eu o conheci em Monte Mor o Novo. Ele tem uma história muito engraçada. Max é de Anápolis, Goiás, e caiu de paraquedas em Montemor. Alguém falou de mim para ele. Certo domingo, eu estava saindo da igreja quando ele chegou até mim e disse:

- Você é o Oliveira carioca?

- Ao vivo e em cores – respondi em tom de brincadeira.

- Disseram-me que você é um cara brincalhão e ajuda todo mundo... - continuou Max.

- Todo mundo é muita gente – respondi.

DE ONDE EU VIM

Começamos a conversar, e ele me falou um pouco sobre a sua história. Max era um ex-militar que tinha ido para Portugal ganhar dinheiro e depois iria para a Irlanda porque tinha amigos lá.

- Mano, estou precisando de ajuda. Cheguei aqui ontem e estou morando numa quebrada, estou precisando de casa e trabalho.

- Amanhã você vai trabalhar comigo. O trabalho é mamão com açúcar.

No dia seguinte, Max foi se encontrar comigo parecendo um doutor, com uma camisa toda engomadinha, tênis limpinho... Imediatamente notei que ele nunca tinha trabalhado em obras. "O português vai arrancar o couro dele", pensei. No caminho, fui explicando o trabalho.

- Max, o trabalho é o seguinte: o português vai dirigindo o trator e a gente do lado correndo igual aqueles garis do Brasil.

- Oliveira, que trabalho é esse? – perguntou Max, curioso.

- Vamos coletar fenos num calor alentejano de 40 graus... Simples assim. Só pegar o feno.

Após quatro horas de trabalho, ele desabou no chão. Foi feno para um lado e o Max para o outro... E o português sempre gritando:

- Vamos, gajos! Vamos, gajos brazucas dos caraças.

Era o início de uma grande amizade.

Voltando a falar do meu trabalho, fui parar na Irlanda por meio do meu amigo Max, que me ajudou nessa empresa portuguesa. O salário que ganhava em Portugal em um mês era possível receber em uma semana na Irlanda. "Vou ficar rico", pensei.

Também contei com a ajuda de alguns amigos angolanos, Dulce e Armando. Por meio deles consegui um trabalho extra na rede de fast-food Supermec's quando acabou meu contrato de trabalho com a empresa portuguesa na Irlanda.

DE ONDE EU VIM

Não fiquei triste, pois sabia que aquele ciclo acabaria mais cedo ou mais tarde, então já estava preparado psicologicamente para isso e já estava bem adaptado na cidade de Carlow. Embora ainda não falasse inglês, estava me tornando conhecido na cidade e já fazia traslado de Kilkenny, Carlow, Oxford para o aeroporto de Dublin nas minhas horas vagas do delivery. Estava sendo uma experiência muito boa morar na Irlanda.

Não aprendi inglês porque fiquei somente no meio da comunidade de língua portuguesa – angolanos brasileiros e portugueses. Também confesso que faltou um pouquinho de interesse da minha parte, pois quando eu entrava nas lojas e supermercados eu já levava o dinheiro certo para não me perguntarem nada.

Um ano se passou, e, claro, não fiquei rico. Cheguei à conclusão de que era melhor voltar para Portugal, porque já tinha saído minha nacionalidade portuguesa, e isso me dava mais possibilidades de trabalhar e fazer negócios em qualquer dos 35 países europeus.

Além do mais, a recessão dos Estados Unidos em 2008 já tinha refletido na economia irlandesa.

De volta a Portugal, fui trabalhar na refinaria de petróleo e gás em Sines. Consegui esse trabalho por meio do Alvanir Peres.

Muitos ingleses passavam pela refinaria todos os dias, e assim brotava ainda mais a necessidade e vontade de falar a língua inglesa. Cobrava isso de mim mesmo, pois enquanto estive na Irlanda não me dediquei ao aprendizado da língua e vi que tinha falhado neste aspecto.

Fiquei em Portugal mais dois anos após conquistar minha nacionalidade e depois fui para a Bélgica.

DE ONDE EU VIM

Bélgica

(CITACAO)

Não havia mais fronteiras para mim. A Europa já era pequena. Quando cheguei à Bélgica, disse para mim mesmo: "Tenho que aprender francês, pois não posso repetir o erro que cometi na Irlanda e não aprender a língua do país".

A chegada à Bélgica foi triunfal, pois já não havia aquele medo de imigrar. Ter morado na Irlanda e na Espanha de alguma forma já tinha me ensinado os macetes de um imigrante, mas eu tinha plena consciência e convicção de que o novo me esperava: novos desafios e oportunidades, assim como novas conquistas.

Chegando a Bruxelas, logo vi que me adaptaria fácil, pois 80% dos seus moradores são imigrantes, e a maioria é marroquina. Uma coisa que achei estranha foi o lado francófono não gostar do lado belga. Em outras palavras, o lado que fala francês não gosta do lado que fala flamengo.

Tive lá meus perrengues na Bélgica também. Certa feita, fui trabalhar em Waterloo, uma cidade a cerca de trinta minutos de Bruxelas, e, após o trabalho pronto, o belga que nos contratou chamou a Imigração para meu patrão, por pura maldade e para não pagar pelo trabalho. Assim que a polícia chegou, vi meu patrão e mais dois ajudantes saindo correndo pelos fundos das casas. Foi uma cena triste. Uma tremenda injustiça. Eu permaneci firme e apresentei aos policiais minha Carte d'identité, espécie de RG belga, pois meu passaporte português tinha me dado o direito de obtê-la. Moral da história: o dono da obra teve que pagar tudo o que devia para mim, e eu recebi e repassei o dinheiro ao meu patrão.

Na Bélgica, conheci pessoas formidáveis, como a família Alves (Antônio, Cida, Leandro, Paulo), Anderson carioca, Thiagão, Emily, Angélica e família, com os quais tenho contato até hoje.

DE ONDE EU VIM

Em algumas semanas estudando, pasme, eu já estava falando bem o francês. Sabe por quê? Dedicação e persistência. Essas 2 palavras que sempre caminham lado a lado. Quando alguém perguntava:

Quando me perguntavam: "Parlez-vous français?", eu respondia: "Oui". O francês é bem próximo do português.

Na Bélgica, também trabalhei nos pubs 2000 e Canoa Quebrada.

Após alguns anos em Bruxelas, mais uma vez vi que ainda não tinha achado meu lugar.

Meus Pais

(CITACAO)

Eram muitas as provações, de toda ordem. Passávamos tanta necessidade que um conhecido dividia as compras do mercado conosco. Porém meu pai nunca demonstrava desespero, nunca deixava a peteca cair. Ele tinha uma imensa confiança em Deus.

Como já mencionei, papai era pastor e foi ministrar o evangelho em Minas Gerais. Ele levava tão a sério seus afazeres religiosos que pedalava por duas horas para levar a Santa Ceia a um fiel que morava em uma distante área da zona rural.

Papai nunca soltou um palavrão, e ele e mamãe eram extremamente unidos. Um tinha necessidade do outro. Eles se completavam. Conversando com meus irmãos hoje em dia, eles são unânimes em recordar as virtudes dos nossos pais: perseverança, confiança e fé. Eles eram nosso sustentáculo. Quando meus irmãos vieram com meus pais para Portugal, pela primeira vez, mesmo no momento de turbulência sobre o oceano, eles riam e passavam confiança para meus irmãos. Eles tinham uma dignidade impressionante. Mesmo quando foram deportados da Inglaterra, mantiveram a classe até o fim. Muitas vezes, mesmo no meio de uma tempestade, tanto as literárias quanto as literais, meus pais enfrentavam com bom humor, perseverança, coragem e, o mais bacana, bom humor. Para eles, o copo estava sempre meio cheio.

Com meus pais eu aprendi a "manter a calma no meio da tempestade".

Quando mamãe estava nervosa, papai mantinha a calma e não discutia. Quando o oposto ocorria, mamãe também tinha a mesma postura. Eles sabiam como conduzir um verdadeiro casamento, a verdadeira comunhão de almas. Tinham muito respeito e tolerância um com o outro. Mesmo quando mamãe estava enjoada, papai cuidava dela com zelo. Tinha muita consideração pela esposa. Eles faziam tudo juntos.

DE ONDE EU VIM

Em uma das muitas ocasiões em que não tínhamos nada para comer em casa, antes de sair pela manhã, papai disse a mamãe:

- Líbia, eu vou dar uma passada no cliente onde eu faço pintura para ver se eu consigo alguma coisa. Vou tentar voltar para casa o mais rápido que eu puder.

No meio do trajeto para chegar ao cliente, passando por um beco para cortar caminho, havia um velho (e infrutífero) abacateiro. Papai olhou para o chão e viu um enorme abacate caído. Ele o recolheu e correu de volta para casa a fim de entregar a fruta a mamãe. Ela amassou o abacate com o pouco de açúcar que ainda tínhamos e o partilhou. Aquele foi nosso café da manhã. Deu uma colher para cada um. O incrível é que ficamos superalimentados. Ficamos bem. Aquele abacate foi o maná dos céus enviado a papai.

Depois nós passamos na frente do pé da fruta, já aposentada e com poucas folhas, e não vimos mais nada. Nunca entendemos como aquele abacate gigante e abençoado estava lá, pois a árvore estava semimorta.

Mamãe também tinha uma fé impressionante que produzia resultados igualmente admiráveis e inacreditáveis. Certa feita, quando o único lugar onde pudemos alugar uma casa era em uma área alagável, próxima de um rio, em Angra dos Reis, mamãe manteve-se inalterada quando as pessoas diziam que iríamos perder tudo na primeira chuva forte. Quando começava a chover, ela dobrava os joelhos e orava, rogando a Deus que não permitisse que nossa casa fosse alagada e perdêssemos nosso abrigo ou nossos móveis.

A casa nunca sofreu nada.

Você é Filho de um Rei
(CITACAO)

Vou narrar uma história que você deve conhecer ou até já assistiu e talvez não tenha prestado atenção. Lembra-se da história do Rei Leão?

Quando Simba vê seu pai Mufasa morrer, ele se torna o herdeiro do trono, mas seu tio Scarf diz que a culpa é dele. Simba foge, e na fuga encontra um porco e um suricato (Timão e Pumba). Quando veem o leão, dizem: "Esse cara vai nos comer, então vamos convencê-lo de que ele não é um leão". Eles conseguiram e foram viver de qualquer maneira. Um leão comendo larvas. O tempo se passou, Simba cresceu e virou um grande leão que vivia de qualquer maneira. Foi quando o macaco viu Simba e disse: "Eu conheço você! Você é filho de Mufasa, tem um reino a sua espera". Simba respondeu: "Isso é passado". Então o macaco dá uma pancada na cabeça de Simba, e o leão dá um forte rugido.

E quando Simba vai beber água no riacho, olha para a água e vê a imagem do pai, porque é a imagem do pai que devemos refletir.

Por mais que as situações ou até mesmo as circunstâncias tentem dizer que você não nasceu para vencer, digo com toda convicção: há um leão aí dentro de você rugindo. Você é alguém que foi chamado para vencer!

Procure andar com pessoas que torcem por você. Cuidado com quem você anda, com o que lê, com o que ouve.

Nosso grande desafio são as companhias que escolhemos ou com quem nos juntamos. Se eu andasse com os caras do tráfico, provavelmente não estaria aqui contando minha história. Onde eu estaria agora?

Mude suas influências, amplie a mente e viva novas realidades.

DE ONDE EU VIM

PARTE IV

DE ONDE EU VIM

Um Lugar para Chamar de Meu
(CITACAO)

Quando fui aos jogos olímpicos de 2012 em Londres, eu me deslumbrei com a cidade. Vi as facilidades para obter trabalho, vi imigrantes com boa posição em diversas áreas, e os britânicos (ou ao menos a grande maioria deles) não se importam we're you came from.

Eles lhe dão uma chance, independentemente da sua cor, raça ou nacionalidade. Se você não tiver medo do batente, tem grandes chances de se dar bem.

Pude ver no Reino Unido um país de oportunidades. Além da segurança e transporte públicos, vi tudo funcionando em sintonia. Não é perfeito, mas está muito mais perto do ideal do que meu Brasil.

Disse a mim mesmo: "Achei meu lugar".

Eu sabia que Deus tinha um lugar preparado para mim aqui no Velho Mundo, não era somente um tempo de aventuras. Sabia que o plano divino seria revelado no tempo d'Ele (Deus), e não tem coisa melhor quando temos um relacionamento com nosso Pai eterno, quando nos colocamos na posição de filhos. Eis-me aqui, Pai, guia-me.

Em 2012, a ideia inicial era apenas conhecer Londres e tirar uns dias de folga. Uma semana em Londres mais uma semana em Nova York. Com Londres foi amor à primeira vista: povo educado, cidade superlimpa, violência praticamente zero. Tudo funcionando 24 horas: ônibus, metrô, barcos, tudo pontual.

Depois de conhecer Londres, segui para os EUA e estive pela primeira vez em Nova York. Estava deitado na cama de um dos mais famosos hotéis, o Homewood Suites by Hilton New York. Foi maravilhoso estar na Big Apple. Nova York é incrível.

Mas meu coração iria bater mais forte por Londres. Tão forte quanto as badaladas do Big Ben.

DE ONDE EU VIM

A mudança e a transição foram tranquilas, e eu senti que tudo o que tinha vivido e sofrido antes foi parte da preparação para aquele momento.

Já estava morando na capital britânica havia algum tempo quando me matriculei num curso de inglês de nove semanas.

O valor era caríssimo na época, mas, como dizia Benjamin Franklin, "investir em conhecimento rende sempre os melhores juros".

Eu estudei muito. Recordo-me de que ficava até as duas, três horas da madrugada estudando o verbo "to be". Estava determinado a aprender a língua inglesa.

Meu primeiro trabalho foi como entregador. Um amigo, o Pena, me recomendou para uma empresa de delivery. Cheguei, apresentei-me e descobri que o gerente era brasileiro.

Minha preocupação não era dirigir do lado esquerdo (na Inglaterra os veículos trafegam pelo lado esquerdo), pois já tinha experiência de direção na Irlanda, mas estava preocupado com o fato de ter que dirigir profissionalmente na capital.

Londres é uma cidade gigante, e eu não conhecia nada, nem falava o bendito do inglês. Fiz a introdução e o treinamento, e o gerente me disse:

- Oliveira, esteja aqui amanhã às cinco da manhã para começar a trabalhar.

Eu, curioso, inocentemente perguntei:

- Vai ter alguém para me ensinar a rota das entregas?

- Com certeza, mano – respondeu ele.

No dia seguinte, cheguei às 4:45 da manhã e já era o último da fila das vans. Descobri que os brasileiros dominavam o ramo de entregas em Londres. Era entregador trabalhando de moto, carro, vans... Na época, 80% dos entregadores eram brazucas.

DE ONDE EU VIM

Entrei às 5:30, comecei a carregar minha van com as caixas pesadas, depois as leves, grandes e pequenas. Tinha caixas de todos os jeitos e tamanhos. Uma confusão de motoristas e vans. Um corre-corre total.

Todos querem melhores rotas, ou seja, as mais fáceis, e quem saía por último pegava os piores trajetos.

Então você já sabe o fim da história: eu, como recruta, somente consegui acabar o carregamento da van às 7:30, ou seja, duas horas depois.

Fui até o brazuca que supostamente coordenava os trabalhos e perguntei:

- Cadê o cara que vai me treinar?

- Está sentado lá na sua van. Mande ele colocar o cinto - ele respondeu com a maior naturalidade.

- Beleza! - repliquei, tentando disfarçar minha insegurança.

DE ONDE EU VIM

Quando cheguei à van, vi o Map streets of London.

- Esse é o meu supervisor? - questionei o gerente.

- Aqui funciona assim: você vai entregando as caixas e treinando - explicou ele, em tom de brincadeira. – Aqui é na prática, na raça.

Pensei: "Tô lixado!", como se diz em Portugal.

Naquele meu primeiro dia eu terminei as entregas somente às 22:00, sofrendo num frio de cinco graus negativos. Foi minha prova de fogo, ou melhor, de gelo.

Aquele não era meu ideal de trabalho, mas era o que eu dispunha no momento. Recordei-me de que a venda de cocadas na favela também não era meu ideal. O coco era minha matéria-prima, assim como a van.

Há pessoas que ficam à espera de coisas grandes e deixam as oportunidades passarem. O máximo que essas pessoas conseguem é serem narradoras de histórias alheias. Eu fui andando de realidade em realidade: vendedor, pedreiro, motorista...

E aqui vai um conselho: descubra o que pode dar o start no seu sucesso. A sua solução pode estar diante de você. Olhe ao seu redor. Peça direção a Deus. Ele vai iluminar sua mente.

Passei por muitas e boas naquele tempo em que vendia cocadas. Houve uma vez, subindo o morro da favela, em que eu e meus irmãos tivemos que nos esconder de um homem endemoniado que estava correndo atrás de outro com uma faca nas mãos, e para nos proteger meus pais pararam o primeiro carro que passou, um Fusca, e todos nós entramos nele. Total de pessoas: nove.

Todo mundo teve que caber no minúsculo carro. Graças a Deus, saímos ilesos. Acontecia de tudo na favela: tiroteios, assassinatos, violência de toda ordem. Além da pobreza e da fome.

DE ONDE EU VIM

Não julgo ninguém. Sei que uns entram no mundo do crime por falta de oportunidade, mas alguns entram já querendo ser o CARA, já se inspiram em outros do mesmo meio.

Eu nunca me vi tentado a entrar na vida do crime, pois sei que o caminho é curto. Sempre recebia convites, mas me mantive fiel aos ensinamentos dos meus pais.

Lembro-me de que tinha um "dono do morro" que sempre descia para o asfalto e mandava subir caminhões de mantimentos e gás, distribuindo gratuitamente para toda a favela. Ele morreu com mais de vinte tiros em um confronto com a polícia. O crime não compensa.

Para muitos pode ser uma frase que serviria como lema, mas outros, por acharem que devido ao fato de termos nascido em um país que não dá as mesmas oportunidades para todos e por sermos governados por políticos incompetentes e desonestos, pensam que temos passe livre para roubar, matar e delinquir.

DE ONDE EU VIM

Eu discordo. Sempre há uma saída para quem a busca. Milagres acontecem a todo momento. O crime não compensa porque na maioria das vezes o fim é trágico: cadeia ou cemitério.

Infelizmente, o sistema prisional brasileiro mais destrói do que reforma. O cara entra um ladrão de galinhas (algumas vezes literalmente) e sai de lá assassino profissional. Não vale a pena arriscar-se a ser encarcerado em um local sem a menor dignidade, onde vale a lei de Talião: olho por olho, dente por dente.

Fazer parte do mundo do crime não é a única escolha para um favelado. Não podemos escolher as circunstâncias em que viemos ao mundo, mas podemos escolher como vamos mudar nossa realidade.

Definitivamente, a vida fora da lei não era para mim. Eu tinha meus planos e sabia que Deus tinha planos para mim. O caminho foi demorado e tortuoso, mas finalmente eu encontrei um lugar para chamar de meu.

DE ONDE EU VIM

Estava no Eurostar, um trem de alta velocidade, indo de Bruxelas para Londres e fazendo essas reflexões. Eu comprei um bilhete único, só de ida. Vendi meu carro na Bélgica, fechei minha empresa e estava indo encarar outra realidade. O fato de já não ter mais certas mordomias corporativas na Bélgica e as constantes mudanças na legislação também pesaram na minha decisão. Meu coração estava leve e feliz.

Quando passei pelo famoso Eurotúnel, um túnel submarino que liga a França e a Inglaterra por baixo do oceano, uma obra magnífica, meu coração estava no céu.

Olhava para trás e me perguntava: quem iria imaginar que uma decisão feita no outono de 2000 mudaria todo o rumo da minha vida e de minha família?

Também me recordei de tantos outros momentos memoráveis, como quando fui aprovado no vestibular da Universidade Federal do Rio de Janeiro, a UFRJ. Aquele foi um dos momentos mais importantes da minha vida. Lembro-me muito bem do dia em que me matriculei num cursinho pré-vestibular da minha cidade e voltei para casa com uma dúzia de livros nas mãos.   Eu estava tão animado! Não só pela possibilidade de ter um ensino bom que me capacitasse a conseguir entrar em uma boa universidade, mas também pelo fato de conhecer pessoas novas e ter uma noção do que seria a vida universitária.

Passei aquele ano do Ensino Médio me dividindo entre a escola e o cursinho e trabalhos para ajudar na renda familiar.   Eu sempre tinha estudado em escola pública, então, para mim, entrar no ritmo pré-vestibular demorou um pouco. Eu não entendia metade do que os professores diziam (por mais que eles fossem engraçados), e as apostilas pareciam ter sido escritas em aramaico.

Hoje compreendo que essa decisão alçou minha existência a um novo patamar de sucesso e felicidade, gerando uma paixão ainda maior pela vida, pelos princípios familiares.

E por acreditar que podemos atrair coisas extraordinárias em nossa vida, então resolvi compartilhar com você minhas memórias neste livro.

Em setembro de 2013, já morando em Londres, compareci a uma palestra do professor e conferencista Renato Rubim, em um teatro no centro da cidade. Tinha certeza de que eu adoraria ouvir a mensagem dele, de profunda inspiração e sabedoria espiritual prática.

Aquela palestra motivacional e as minhas orações a Deus me prepararam para colocar em prática minha nova decisão de viver em Londres.

Minhas experiências nos anos que antecederam minha vinda para a Inglaterra também me ajudaram a tomar as decisões mais acertadas, tanto no que se refere à questão imigratória quanto na parte profissional.

Cada fracasso foi um exercício preparatório para experiências bem-sucedidas. O que não deu certo serviu como preparo.

Nada se perde.

Prêmio da Prefeitura de Londres

Dedicação e persistência são sinônimos de um bom resultado.

Autor desconhecido

Após alguns meses trabalhando com entregas, mais inteirado da vida na cidade e já com a chegada do verão, eu decidi partir para o meu ramo: a construção civil. Foi aí que Deus, mais uma vez, olhou para mim.

Eu decidi ir para a construção civil por gostar da área e pelo fato de ter acompanhado o trabalho de papai como mestre de obras no Rio de Janeiro.

Eu comecei com pequenos trabalhos, e com muita persistência e empenho fui crescendo e pegando trabalhos maiores.

Coloquei um anúncio em uma revista voltada à comunidade brasileira, e a diretora do um escritório de imigração, Patricia Pepper, muito influente nas comunidades inglesa e brasileira em Londres, contratou meus serviços, e sua satisfação com meu trabalho tornou-se importante para minha empresa ficar conhecida entre o povão em Londres, pois ela sempre me indicava para mais trabalhos.

Patricia foi um desses anjos que a vida colocou no meu caminho.

Com o passar dos anos, já conhecido nas revistas, jornais da comunidade e no utilíssimo boca a boca, minha pequena companhia fez todo tipo de reforma em residências e empresas de grande e médio porte. Até mesmo na Casa do Brasil eu realizei trabalhos.

Um belo dia, recebi uma ligação da organização de brasileiros no Reino Unido, do senhor Algenor Jr.:

- Alô, Oliveira. O seu negócio de construção civil foi indicado para ser premiado na prefeitura de Londres.

DE ONDE EU VIM

Eu quase não consegui responder. Com voz embargada, eu disse:

- Tá de brincadeira!

- Não estou, não - assegurou-me ele.

- Sério?

- Sim, sério. Nós fizemos uma pesquisa nas comunidades de língua portuguesa e espanhola, e a sua empresa foi selecionada, pois muitos clientes estão satisfeitos e indicaram você para concorrer ao prêmio.

Fiquei tão feliz que imediatamente liguei para o Brasil e contei a novidade para minha família. Pulamos de alegria.

O tal sonhado dia da premiação não demorou a chegar, e lá estava eu, com meus dois dos irmãos, recebendo o prêmio, que foi transmitido para o mundo. Quem diria? Da favela para a prefeitura de Londres.

Se eu pudesse citar um de meus momentos de glória, eu diria que estar ali, sendo premiado, com 80 mil pessoas me assistindo online e duas mil presentes, encheu meu coração de contentamento.

Enquanto eu estava naquele palco, as palavras de meus pais ecoaram na minha mente: "É com atitude e persistência que se alcançam objetivos".

Naquele dia, eu só chorei e chorei. Mas foram lágrimas de alegria e profunda gratidão a Deus, à minha família, à minha equipe, aos anjos que encontrei no caminho e, especialmente, aos que acreditaram em mim. Eu transbordava gratidão.

Ser premiado significou muito para mim. Ser reconhecido por fazer algo de que se gosta é um prêmio por si só. Meus pais me incentivavam a ir mais longe e sempre fazer a diferença. Fazer o bem e ter empatia com todos, fossem clientes ou funcionários. Creio que esse é o segredo para ter uma equipe motivada e clientes satisfeitos.

Eu sempre fiz os trabalhos na construção civil como se fosse a minha casa. Com todo o capricho e esmero, como se fosse para mim.   Nunca foquei somente no dinheiro. Gosto de construir coisas e deixar as casas mais belas. Viver em um barraco me fez valorizar ainda mais a importância do meu trabalho, o que me tornou bom no que eu faço.

Lembro-me de assistir a uma entrevista do Silvio Santos, em que o repórter questionou:

- Como você começou sua história de sucesso?

- Comecei como camelô - respondeu o famoso apresentador.

Há muitas histórias de grandes homens vencedores que me inspiraram.

Meu conselho?

Você é bom no quê? Descubra algo que você faz muito bem. Comece pequeno e veja as matérias-primas que estão ao seu redor.   Lute com as armas que tiver, com o que tiver à disposição, seja um tabuleiro de cocadas, uma pasta com canetas ou um simples abacate achado no chão para lhe dar energia.

DE ONDE EU VIM

Descubra seu talento. Todos nós somos bons em alguma coisa.

Respire.

O milagre que você vai viver começa com aquilo que você já tem. As coisas grandes um dia já foram pequenas. A mais bela mansão começou com alguns tijolos e alguém arrumando a terra e lidando com a lama para fazer a fundação.

Mensagem final

(CITACAO)

Para muitos talvez essa seja somente mais uma de tantas histórias de superação. Para mim é uma forma de, talvez, ajudar as pessoas que a leem.

Eu gostaria de tocar as pessoas, de inspirar pais e mães a darem mais atenção aos seus filhos. A família é o alicerce de tudo.

Não importa a dificuldade que você esteja enfrentando, se mantiver a fé em Deus e abrir-se às oportunidades, Ele lhe dará as respostas, Ele enviará as pessoas certas no seu caminho.

Eu também quis homenagear meus pais e todos os que me ajudaram nessa jornada. Meus pais foram o maior exemplo de amor e união que eu tive. Eles eram meus melhores amigos.

DE ONDE EU VIM

Eles iam celebrar bodas de ametista, mas Deus decidiu que a celebração seria lá em cima.

Hoje meus pais somente existem na minha memória, mas o amor que eles me deram ainda se faz presente. Que falta eles me fazem!

Foram muitas as recordações da infância. Escrever sobre eles me toca profundamente. Mesmo depois de adulto, já trabalhando como motorista, eu chegava de manhã e, como fazia quando criança, ia no quarto dos meus pais e me deitava no meio deles.

- Você está muito grande! Vai me sufocar - dizia mamãe.

- Como foi o baile ontem à noite? - eu brincava.

- Que baile, menino? Você está doido?

- O baile onde a senhora estava dançando, bêbada e doidona...

Mamãe era cristã e jamais faria isso, mas nós ríamos muito com essa brincadeira.

Mesmo em uma cidade segura como Londres, mamãe não dormia enquanto eu não chegasse.

- Isso aqui não é o Rio de Janeiro, mãe.

- Mas eu me preocupo mesmo assim, filho.

- Então, já que eu sou o seu bebê, posso sentar no seu colo?

- Claro que não! Você está muito grande!

Sei que hoje eles estão com Jesus.

Quando menino, eu era muito levado, arteiro e bagunceiro, mas mamãe sempre tinha aquela postura amorosa e leniente das mães. No entanto, um dia eu passei da conta, e mamãe disse que o chinelo ia cantar. Eu e meu irmão Davi corremos para o único quarto do

DE ONDE EU VIM

barraco onde vivíamos, e, como não havia energia elétrica e já era noite, mamãe não conseguiu nos ver porque somos bem pretinhos. Meu irmão começou a me fazer cócegas, e eu desatei a rir. Mamãe conseguiu me localizar pelos dentes brancos. Rimos muito. Até mamãe riu, mas o chinelo cantou.

Para onde vão esses momentos todos? Eles permanecem no coração e agora estarão imortalizados nestas linhas. De alguma forma, eu gostaria de tocar as pessoas e inspirá-las a fazer mudanças. Escrever e se doar, doar seus sentimentos, compartilhar suas experiências, tanto as boas quanto as ruins.

Alguns usam poemas, outros a música. Eu gosto de escrever e escolhi essa forma de dividir um pouco da minha essência com as pessoas.

Quero chegar aos lugares mais distantes e aos corações mais necessitados com minha mensagem de amor e esperança.

Eu não quis dar força ao estereotipado papel de negro favelado vítima da sociedade. Eu sempre procurei dar mais força ao bem e a fazer o bem.

Também temos que ter a humildade de saber receber ajuda e pedi-la quando precisamos. Não tenha medo de falar com Deus.

Quero dizer que vale a pena ser bom, vale a pena fazer o bem às pessoas. Vale a pena investir no amor e torná-lo realidade na forma de boas ações. Se você puder ajudar alguém, estender sua mão, faça isso. Mas não espere recompensas. Apenas ajude.

Escrever e eternizar o momento na forma de algumas linhas é também fazer uma viagem emocionante ao passado, ora rindo, ora chorando, algumas vezes vertendo lágrimas de tristeza, outras de saudade, outras de alegria.

Se estas linhas puderem inspirar você, restaurar sua fé, ajudar você de alguma forma, ou simplesmente fizerem você sorrir, já terá valido a pena.

Testemunho de Fé

"Portanto eu digo: Não se preocupem com sua própria vida, quanto ao que comer e beber; nem com o seu próprio corpo, quanto ao que vestir. Não é a vida mais importante que a comida, e o corpo mais importante que a roupa? [...] Vejam como crescem os lírios do campo. Eles não trabalham nem tecem. Contudo, eu digo que nem Salomão, em todo o seu esplendor, vestiu-se como um deles. Se Deus veste assim a erva do campo, que hoje existe e amanhã é lançada ao fogo, não vestirá muito mais a vocês, homens de pequena fé?"

(Jesus de Nazaré)

DE ONDE EU VIM

Há muito tempo eu tinha vontade de publicar a minha história em um livro. Em 2019, em uma dessas conversas em que papai me contava a história deles, eu pedi permissão para colocá-la no meu livro. Eu queria não somente compartilhar a minha história, mas também um pouco da deles.

Meus pais, como já mencionei algumas vezes, foram não somente meu alicerce, mas também me deram ferramentas emocionais para enfrentar a vida, sem as quais talvez eu não tivesse a força necessária para passar por tudo o que passei.

De tudo o que eles me ensinaram, o tesouro maior que eu ganhei foi a fé.

Fé de que sempre temos saída.

Fé em nós mesmos.

Fé na providência divina.

Fé na fé.

Não é fácil colocar todas essas memórias em um papel. Às vezes, a mente e as lembranças confundem a gente. Às vezes, eu fico tão emocionado, que preciso parar e me recompor antes de continuar. Mas confesso que isso está me fazendo um bem muito grande. Escrever é uma maneira de organizar as ideias, refletir, reviver e compreender melhor muitas coisas.

Aprendi tanto com meus velhos. Amava ouvir as histórias deles, como a de quando se conheceram. Eu amava o amor que eles tinham um pelo outro e o respeito, base de qualquer relacionamento.

Papai era como esponja de aço, tinha mil e uma utilidades. Além de construtor de obras, era mecânico, feirante e vendedor de calçados, que ele comprava na Rua Uruguaiana, na Central do Brasil, no centro da cidade, e ia revendê-los em Vassouras, uma cidade que fica a uns 110 quilômetros da capital.

Mamãe era natural de Vassouras e morava em um povoado chamado Sebastião de Lacerda, na fazenda Guarita, onde foi filmada uma novela de época. É um lugar muito lindo, onde morava toda a família da minha mãe. Meu avô materno, Seu Francisco de Oliveira, era muito conhecido e respeitado na cidade. O nome dele era referência.

Quando papai ia a Vassouras, as pessoas falavam de mamãe para ele, mas eles nunca se encontravam... Papai se sentia bem naquele local de gente amigável e hospitaleira. Quando ia lá comercializar os calçados, ele brincava com os conhecidos e fregueses que "ainda ia arrumar um casamento naquelas bandas". E foi então que começaram a falar da jovem Libinha para ele.

Papai contava que, quando finalmente viu mamãe pela primeira vez, o coração dele disparou. Ele ficou sem jeito, tremendo e suando frio, sem rumo e sem ação. Ele dizia que sentiu algo especial e teve a certeza de que aquela moça era para casar e formar família. Mamãe sentiu o mesmo.

Papai iniciou uma conversa timidamente oferecendo um chinelo para mamãe provar, e ele serviu perfeitamente, como no conto da Cinderela. Papai tinha encontrado sua princesa.

Anos mais tarde, quando eu finalmente me estabeleci na Europa, eu sempre quis trazer meus pais, mas papai sempre se recusava a vir e dizia que "ainda não era o tempo".

Eu consegui trazê-los para passar duas semanas em Portugal, e após essas duas semanas eles vieram para a Inglaterra morar comigo, pois, apesar de ter outros irmãos que também moravam na cidade, eu era o filho que tinha melhor condições de recebê-los, pois morávamos somente eu e meu filho mais velho.

Ocorre que eles cometeram um "erro" ao passarem na imigração: vieram de mala e cuia, trazendo muita bagagem e, naturalmente, foram barrados.

O oficial de imigração me ligou e perguntou qual era o grau de parentesco e me informou que aquele não era o processo correto, e a entrada deles foi negada.   Eu chorei a noite toda.

DE ONDE EU VIM

Queria que meus pais passeassem e curtissem um pouco as mordomias da vida. Queria lhes proporcionar alegria, mas, infelizmente, tiveram que passar pela humilhação de ter a entrada recusada.

Você pensa que eles se abalaram? Não! Mamãe portou-se com uma dignidade impecável. Eles foram mandados de volta a Portugal e, balizados pela fé inabalável que tinham, chegaram lá de coração aberto, pois Deus tinha uma missão para eles: mamãe começou a evangelizar, e muitas coisas milagrosas começaram a acontecer: casamentos que estavam à beira do divórcio foram restaurados, mulheres com depressão conseguiram ver um novo horizonte, filhos que estavam sem falar com os pais retomaram o relacionamento. O tempo que eles permaneceram lá, cerca de um ano, acabou sendo pouco para a breve obra missionária que eles efetuaram naquele país.

As pessoas chamavam mamãe de "rezadeira", tão forte era o poder da palavra e o dom de tocar vidas que ela tinha. Papai também tinha o dom da palavra. Não existia situação para a qual ele não tivesse um sábio e balsâmico conselho para dar.

Eles fizeram um lindo trabalho lá e foi com um misto de tristeza que entraram no avião para retornar ao Reino Unido, devidamente documentados, nos conformes com as leis de imigração vigentes na época.

A oração feita com fé tem poderes curativos.

Foi uma alegria indescritível recebê-los no aeroporto. Eu fiquei com eles o maior tempo que pude e, após ter ido a Portugal ajudar com a organização da papelada, cuidei de todos os procedimentos para formalizar a residência e para que eles pudessem se registrar no NHS (Sistema Nacional de Saúde) e ter todos os cuidados de que necessitavam. Eles foram muito bem assistidos em termos de saúde. Registro aqui a minha imensa gratidão aos profissionais do NHS.

Tivemos momentos memoráveis em família. Minha irmã Dalva sempre fazia os pratos de que eles gostavam, como uma boa feijoada e sobremesas deliciosas. Meus pais estavam felizes por estarmos juntos e orgulhosos dos imensos progressos que fizemos.

Estávamos animados para a celebração de 55 anos de casados, que ocorreria em duas semanas, após o fatídico 10 de março de 2019, quando o Criador decidiu que a missão da minha mãe estava cumprida na Terra e era hora de ela ir para junto d'Ele. Meu pai não aguentou o baque e se foi para junto de sua amada esposa apenas duas semanas depois. Eu tenho para mim que meus pais morreram de amor. Um pouco antes de partir para a Glória, meu pai me disse: "Eu combati o bom combate, guardei a fé e voltei para o seio de Abraão".

Os dois anos que eles viveram comigo estão entre os mais felizes da minha vida. Eu sinto que cumpri bem meu dever como filho ao honrá-los e cuidar deles, além de guardar no meu coração todos os ensinamentos e o amor que eles deixaram, o qual ainda está vivo e me conforta, pois sei que eles estão bem, ao lado do nosso Pai celestial.

DE ONDE EU VIM

Meus pais ainda estavam comigo quando comecei a rascunhar as primeiras ideias deste livro. Eles me deram a maior força.

A mensagem que eu quero transmitir é: nunca perca a fé. Seja qual for o seu problema, existe um Deus que nunca nos desampara.

Agradecimentos

Agradeço aos meus pais, Seu Tião e Dona Libinha, por me darem a vida e uma sólida estrutura familiar.

Agradeço aos meus irmãos, por serem meus melhores amigos.

Agradeço aos meus filhos, por existirem e me darem a oportunidade de experimentar o mais puro e abnegado amor.

Agradeço a todos os amigos e caridosos benfeitores, que me ajudaram nessa caminhada, desde o tempo em que eu morava la no Morro , a todos os que reconheceram meu trabalho e o premiaram na prefeitura de Londres, na Inglaterra

Agradeço aos que trabalharam neste projeto, professora e escritora,Fabiana Albuquerque pelas incansáveis reuniões e e-mails,, ao Ilustrador Ian,pela paciência....a escritora Patrícia Peper (autora do livro " passaporte por favor' pela amizade eo seu super astral sempre sorrindo para Vida, a Léia vales dos santos sempre me Incentivando a nunca desistir pela publicação deste livro, onde no qual eu pude registrar a minha história e meu desejo de plantar a semente da esperança no coração de quem o ler.

E, finalmente, meu agradecimento a Deus, meu maior sustentáculo.

Créditos

Gabriel Granjeiro

Léia Vales dos Santos

PR: Cláudio Duarte

Printed in Great Britain
by Amazon

78579138R00068